THÉRAPIE SOMATIQUE POUR LE SSPT COMPLEXE

Libérer la guérison corps-esprit et la résilience pour la récupération après un traumatisme

par

CLARISSA PARKS

INTRODUCTION

Qu'est-ce que la thérapie somatique ?

La thérapie somatique est une approche holistique du traitement des traumatismes psychologiques qui met l'accent sur le lien profond entre l'esprit et le corps. Contrairement aux thérapies par la parole traditionnelles qui se concentrent principalement sur les aspects cognitifs et émotionnels, la thérapie somatique fait appel aux sensations physiques, aux mouvements et aux gestes du corps en tant que composants essentiels du processus de guérison. Le principe fondamental de la thérapie somatique est que le corps s'accroche au traumatisme, qui se manifeste par divers symptômes physiques et schémas comportementaux. En s'attaquant directement à ces manifestations physiques, la thérapie somatique vise à libérer les traumatismes stockés, à favoriser la guérison et à restaurer un sentiment de sécurité et d'équilibre chez l'individu.

La thérapie somatique englobe diverses techniques et pratiques, notamment l'expérience somatique, la psychothérapie sensorimotrice, les thérapies basées sur le mouvement, la respiration et la thérapie tactile. Ces méthodes sont conçues pour aider les individus à devenir plus conscients de leurs sensations corporelles, à comprendre le lien entre ces sensations et leurs expériences traumatisantes et à développer des façons plus saines de réagir au stress et aux déclencheurs émotionnels.

Comprendre le SSPT complexe

Le trouble de stress post-traumatique complexe (TSPT-C) est un état qui résulte d'une exposition prolongée ou répétée à des événements traumatisants, survenant souvent dans le contexte de relations interpersonnelles. Contrairement au SSPT, qui peut se développer après un seul événement traumatisant, le C-PTSD est généralement associé à un traumatisme chronique, tel qu'un abus physique, émotionnel ou sexuel continu, la captivité ou une exposition prolongée à la guerre ou à la violence. La nature cumulative de ces expériences conduit à des symptômes psychologiques et physiques plus répandus et plus graves.

Les symptômes du C-PTSD peuvent être largement classés en plusieurs domaines :

Dysrégulation émotionnelle : les personnes atteintes du C-PTSD éprouvent souvent des émotions intenses et fluctuantes, des difficultés à gérer la colère ou la tristesse et des sentiments chroniques de vide ou de désespoir.

-Distorsions cognitives : des croyances négatives persistantes sur soi-même, sur les autres et sur le monde sont courantes, ainsi que des difficultés à maintenir l'attention, des problèmes de mémoire et des pensées ou flashbacks intrusifs.

Difficultés interpersonnelles : les problèmes de confiance, la peur de l'intimité et les difficultés à maintenir des relations saines sont répandus, provenant souvent de trahisons passées et d'abus de la part des soignants ou des figures d'autorité.

Symptômes physiques : La douleur chronique, la fatigue, les problèmes gastro-intestinaux et d'autres affections liées au stress sont fréquents chez les personnes atteintes du C-PTSD, soulignant l'impact profond du traumatisme sur le corps.

La nécessité d'approches somatiques dans le traitement des traumatismes

Les approches thérapeutiques traditionnelles, telles que la thérapie cognitivo-comportementale (TCC) et la thérapie psychodynamique, se sont révélées efficaces pour de nombreuses personnes souffrant du SSPT. Cependant, ces méthodes peuvent s'avérer insuffisantes pour les personnes atteintes du C-PTSD en raison de la nature complexe et profondément enracinée de leur traumatisme. La réponse du corps au traumatisme n'est pas simplement un sous-produit des expériences de l'esprit, mais un aspect fondamental de la façon dont le traumatisme est stocké et exprimé.

Les approches somatiques reconnaissent que le traumatisme est incarné : il vit dans les sensations, les mouvements et les réponses physiologiques du corps. Cette reconnaissance est cruciale pour plusieurs raisons :

1. Connexion corps-esprit : Le traumatisme affecte le système nerveux autonome, entraînant une dérégulation qui se manifeste par une hyperexcitation, une dissociation ou un stress chronique. La thérapie somatique cible directement ces réponses physiologiques, aidant les individus à réguler leur système nerveux et à réduire leurs symptômes.

2. Accéder aux souvenirs non verbaux : Les souvenirs traumatiques sont souvent stockés de manière non verbale, hors de portée des thérapies traditionnelles par la parole. Les techniques somatiques permettent aux individus d'accéder et de traiter ces souvenirs à travers des sensations et des mouvements corporels, facilitant ainsi un niveau de guérison plus profond.

3. Autonomisation et agence : En se concentrant sur le corps, la thérapie somatique permet aux individus de jouer un rôle actif dans leur processus de guérison. Apprendre à reconnaître les signaux corporels et à y répondre favorise un sentiment de contrôle et d'efficacité personnelle, souvent miné par les traumatismes.

4. Guérison holistique : Le traumatisme affecte tous les aspects de l'être d'un individu : émotionnel, cognitif et physique. L'approche intégrative de la thérapie somatique s'adresse à la personne dans sa globalité, favorisant une guérison globale et une résilience.

Chapitre 1

LES BASES DU SSPT COMPLEXE

Définir le SSPT complexe

Le trouble de stress post-traumatique complexe (TSPT-C) est un état qui résulte d'une exposition prolongée ou répétée à des événements traumatisants, en particulier ceux impliquant des relations interpersonnelles. Contrairement au SSPT, qui peut se développer après un seul événement traumatisant, le C-PTSD est généralement associé à un traumatisme chronique, tel qu'un abus physique, émotionnel ou sexuel continu, la captivité ou une exposition prolongée à la violence. La nature continue et omniprésente de ces expériences se traduit par un ensemble de symptômes plus graves et multiformes.

Le C-PTSD englobe non seulement la peur et l'anxiété associées au SSPT, mais également des défis supplémentaires liés au concept de soi, à la régulation émotionnelle et au fonctionnement interpersonnel. Cette pathologie survient souvent dans des situations où l'individu se sent pris au piège, impuissant ou incapable de s'échapper, ce qui entraîne un profond sentiment d'impuissance et un impact psychologique durable.

Symptômes et diagnostic

Les symptômes du C-PTSD peuvent être classés en plusieurs domaines clés :

1. Dérégulation émotionnelle :

- Des émotions intenses et fluctuantes, comme la colère, la tristesse et la peur.
- Difficulté à gérer ces émotions, entraînant des sautes d'humeur et des explosions émotionnelles.
- Sentiments chroniques de vide, de désespoir ou d'engourdissement.

2. Concept de soi négatif :

- Sentiments persistants d'inutilité, de honte et de culpabilité.
- Un sentiment omniprésent d'être endommagé ou brisé.
- Difficulté à former et à maintenir une image de soi positive.

3. Difficultés interpersonnelles :

- Les défis liés à l'établissement et au maintien de relations saines.

- Problèmes de confiance et peur de l'intimité.

- Une tendance à s'isoler ou à s'engager dans des relations malsaines et codépendantes.

4. Distorsions cognitives :

- Croyances négatives persistantes sur soi-même, sur les autres et sur le monde.

- Difficultés à se concentrer, à maintenir l'attention et problèmes de mémoire.

- Pensées intrusives ou flashbacks liés à des événements traumatisants.

5. Symptômes physiques :

- Douleurs chroniques, fatigue et autres maux physiques liés au stress.

- Problèmes gastro-intestinaux et autres troubles somatiques.

- Susceptibilité accrue aux maladies en raison d'un système immunitaire affaibli.

Le diagnostic de C-PTSD est généralement posé par un professionnel de la santé mentale au moyen d'une évaluation complète qui comprend un historique détaillé des expériences traumatisantes de l'individu, la présentation des symptômes et l'impact sur le fonctionnement quotidien. Les outils et critères de diagnostic, tels que ceux décrits dans la Classification internationale des maladies (ICD-11) et d'autres lignes directrices cliniques, fournissent un cadre pour identifier le C-PTSD.

Différences entre le SSPT et le SSPT complexe

Bien que le SSPT et le SSPT-C partagent certaines similitudes, ce sont des affections distinctes avec des différences clés dans leur étiologie, leurs symptômes et leurs approches thérapeutiques.

1. Étiologie :

- SSPT : résulte souvent d'un événement traumatisant unique et identifiable, comme une catastrophe naturelle, un accident ou une agression.

- C-PTSD : se développe à la suite d'une exposition prolongée ou répétée à un traumatisme, en particulier dans des contextes impliquant des relations interpersonnelles, telles que la maltraitance pendant l'enfance, la violence domestique ou la captivité.

2. Symptomatologie :

- SSPT : les principaux symptômes comprennent la reviviscence de l'événement traumatique (par exemple, des flashbacks, des cauchemars), l'évitement des stimuli liés au traumatisme, l'hyperexcitation (par exemple, une réaction de sursaut accrue, l'irritabilité) et des altérations négatives de l'humeur et de la cognition.

- C-PTSD : En plus des symptômes du SSPT, le C-PTSD comprend une dérégulation émotionnelle, une image de soi négative persistante et des difficultés interpersonnelles importantes. Ces symptômes supplémentaires reflètent l'impact profond et omniprésent du traumatisme chronique sur le fonctionnement émotionnel et relationnel de l'individu.

3. Impact sur le fonctionnement :

- SSPT : peut altérer considérablement le fonctionnement quotidien et la qualité de vie, mais les individus peuvent néanmoins maintenir un certain niveau de stabilité dans certains domaines de leur vie.

- C-PTSD : La nature chronique du traumatisme et ses effets sur la conception de soi et les relations entraînent souvent des déficiences plus répandues et plus graves dans plusieurs domaines de la vie, notamment le travail, les relations sociales et la santé physique.

4. Approches thérapeutiques :

- SSPT : le traitement implique généralement des thérapies axées sur le traumatisme, telles que la thérapie cognitivo-comportementale (TCC) et la désensibilisation et le retraitement des mouvements oculaires (EMDR), visant à traiter et à intégrer la mémoire traumatique.

- C-PTSD : en plus des thérapies axées sur les traumatismes, le traitement du C-PTSD nécessite souvent une approche plus globale et intégrative, abordant l'interaction complexe des difficultés émotionnelles, cognitives et relationnelles. Les thérapies somatiques, qui se concentrent sur le rôle du corps dans le traumatisme, sont particulièrement bénéfiques pour les personnes atteintes du C-PTSD, car elles aident à libérer le traumatisme stocké, à réguler le système nerveux et à favoriser un sentiment de sécurité et d'incarnation.

Chapitre 2

LA SCIENCE DU TRAUMA ET DU CORPS

Comment le traumatisme affecte le corps

Le traumatisme a des effets profonds et durables sur le corps, impactant divers systèmes et processus physiologiques. Lorsqu'un individu subit un événement traumatisant, la réponse naturelle du corps est d'activer le système de réponse au stress, également connu sous le nom de réponse de combat ou de fuite. Cette réponse est conçue pour protéger l'individu d'un danger immédiat, mais lorsque le traumatisme est chronique ou grave, il peut entraîner des changements durables dans le fonctionnement du corps.

1. **Activation du système de réponse au stress :**

   - Réponse immédiate : Lorsqu'il est confronté à une menace, le corps libère des hormones de stress telles que l'adrénaline et le cortisol. Ces hormones préparent le corps à combattre la menace ou à la fuir, ce qui entraîne une augmentation du rythme cardiaque, une vigilance accrue et un regain d'énergie.

- Activation Chronique : En cas de traumatisme prolongé ou répété, le système de réponse au stress reste activé. Cette activation chronique peut conduire à un état d'hyperexcitation, dans lequel le corps est constamment en état d'alerte, même en l'absence de danger immédiat. Les symptômes de l'hyperexcitation comprennent l'insomnie, l'irritabilité et une réaction de sursaut accrue.

2. **Impact sur le système nerveux :**

- Système Nerveux Sympathique (SNS) : Le SNS est responsable de la réponse de combat ou de fuite. Chez les personnes souffrant de SSPT complexe (C-PTSD), le SNS peut devenir hyperactif, conduisant à un état d'excitation et d'anxiété persistants.

- Système Nerveux Parasympathique (PNS) : Le PNS favorise la relaxation et la récupération. Chez les personnes atteintes du C-PTSD, le SNP peut devenir sous-actif, ce qui rend difficile le retour du corps à un état de calme après un événement traumatisant. Ce déséquilibre entre le SNS et le PNS contribue aux symptômes physiques et psychologiques du C-PTSD.

3. **Symptômes somatiques :**

- Un traumatisme peut se manifester par des symptômes physiques, tels que des douleurs chroniques, des maux de tête, des problèmes gastro-intestinaux et de la fatigue. Ces symptômes sont souvent le résultat d'une réponse prolongée du corps au stress et de l'accumulation de tension et de stress dans les muscles et autres tissus.

- De plus, un traumatisme peut perturber les rythmes et processus naturels du corps, tels que le sommeil et la digestion, entraînant ainsi d'autres problèmes de santé physique.

La connexion corps-esprit

Le corps et l'esprit sont intimement liés et les traumatismes ont un impact profond sur les deux. Ce lien est évident dans la manière dont le traumatisme psychologique peut se manifester par des symptômes physiques et vice versa. Comprendre le lien corps-esprit est crucial pour un traitement efficace des traumatismes, car cela met en évidence la nécessité d'approches qui abordent à la fois les aspects physiques et psychologiques du traumatisme.

1. Réponses psychosomatiques :

- Les réponses psychosomatiques surviennent lorsque le stress psychologique ou un traumatisme se manifeste par des symptômes physiques. Par exemple, une personne souffrant d'anxiété sévère peut développer des maux d'estomac ou des tensions musculaires. Ces symptômes physiques sont réels et peuvent être débilitants, soulignant l'importance de s'attaquer au traumatisme psychologique sous-jacent.

2. Incarnation du traumatisme :

- Les traumatismes sont souvent stockés dans le corps sous forme de souvenirs somatiques. Ces souvenirs sont non verbaux et peuvent se manifester par des sensations physiques, telles que des tiraillements, des douleurs ou des engourdissements. Les souvenirs somatiques sont la façon dont le corps s'accroche aux expériences traumatisantes, même lorsque l'esprit conscient ne s'en souvient pas complètement.

3. Intéroception :

- L'intéroception est la capacité du corps à ressentir son état interne, comme la faim, la soif et la douleur. Un traumatisme peut perturber l'intéroception, entraînant des difficultés à reconnaître et à répondre aux besoins du corps. L'amélioration de la conscience intéroceptive est un élément clé de la thérapie somatique, aidant les individus à se reconnecter à leur corps et à développer une autorégulation plus saine.

4. Impact sur la régulation émotionnelle :

- Les réponses physiologiques du corps face à un traumatisme peuvent influencer la régulation émotionnelle. Par exemple, l'activation chronique du système de réponse au stress peut entraîner une réactivité émotionnelle accrue et des difficultés à gérer les émotions. À l'inverse, les pratiques favorisant la relaxation physique, comme la respiration profonde ou la relaxation musculaire progressive, peuvent aider à réguler les émotions et à réduire les symptômes d'un traumatisme.

Neurobiologie du traumatisme

La neurobiologie des traumatismes fournit un cadre scientifique pour comprendre comment les traumatismes affectent le cerveau et le corps. Les progrès des neurosciences ont révélé l'impact profond des traumatismes sur la structure et le fonctionnement du cerveau, soulignant l'importance d'aborder ces changements dans le traitement.

1. Structures cérébrales impliquées dans les traumatismes :

   - Amygdale : L'amygdale est le centre de la peur du cerveau, chargé de détecter les menaces et d'activer la réponse au stress. Chez les personnes atteintes du C-PTSD, l'amygdale est souvent hyperactive, ce qui entraîne une peur et une anxiété accrues.

- Hippocampe : L'hippocampe est impliqué dans la formation et la consolidation de la mémoire. Un traumatisme peut altérer l'hippocampe, entraînant des difficultés de mémoire et de traitement des événements traumatisants. Cette déficience peut entraîner des souvenirs fragmentés et intrusifs du traumatisme.

- Cortex préfrontal : Le cortex préfrontal est responsable des fonctions cognitives d'ordre supérieur, telles que la prise de décision, le contrôle des impulsions et la régulation émotionnelle. Un traumatisme peut réduire le fonctionnement du cortex préfrontal, entraînant des difficultés dans la gestion des émotions et des comportements.

2. Modifications neurochimiques :

- Un traumatisme peut modifier les niveaux de divers neurotransmetteurs dans le cerveau, tels que la sérotonine, la dopamine et la noradrénaline. Ces changements peuvent contribuer aux symptômes de dépression, d'anxiété et d'hyperexcitation couramment observés dans le C-PTSD.

- Le stress chronique et les traumatismes peuvent également affecter le fonctionnement de l'axe hypothalamo-hypophyso-surrénalien (HPA), un système qui régule la réponse du corps au stress. Une dérégulation de l'axe HPA peut entraîner un stress et une inflammation persistants, exacerbant encore les symptômes physiques et psychologiques du traumatisme.

3. **Plasticité neuronale et Guérison :**

- Malgré l'impact profond des traumatismes sur le cerveau, le cerveau possède une plasticité remarquable, ce qui signifie qu'il peut changer et s'adapter en réponse à de nouvelles expériences. Cette plasticité est la base de la guérison et du rétablissement après un traumatisme.

- Les interventions thérapeutiques, y compris la thérapie somatique, peuvent favoriser la plasticité neuronale en aidant les individus à traiter et à intégrer les souvenirs traumatiques, à réguler leur système nerveux et à développer des stratégies d'adaptation plus saines. Des techniques telles que la pleine conscience, la conscience du corps et le mouvement peuvent aider à recâbler le cerveau et à favoriser la résilience.

4. **Le rôle du nerf vague :**

- Le nerf vague est un élément essentiel du système nerveux parasympathique, influençant la fréquence cardiaque, la digestion et la réponse de relaxation. Un traumatisme peut altérer le tonus vagal, réduisant ainsi la capacité du corps à se calmer après un stress.

- Les thérapies somatiques se concentrent souvent sur l'amélioration du tonus vagal grâce à des pratiques telles que la respiration profonde, la vocalisation et des mouvements doux. L'amélioration du tonus vagal peut favoriser la relaxation, réduire les symptômes de traumatisme et améliorer le bien-être général.

chapitre 3

PRINCIPES DE LA THÉRAPIE SOMATIQUE

Concepts et techniques de base

La thérapie somatique est une approche holistique de la guérison des traumatismes qui met l'accent sur la connexion intégrale entre l'esprit et le corps. Le principe fondamental de la thérapie somatique est que le traumatisme n'est pas seulement stocké dans l'esprit mais également dans les tissus, les muscles et le système nerveux du corps. S'attaquer à ces manifestations physiques est crucial pour une guérison efficace et complète. Voici les concepts et techniques de base de la thérapie somatique :

1. Conscience du corps :

- Concept : Développer une conscience aiguë des sensations corporelles, des mouvements et des postures.

- Technique : Les clients sont guidés pour se concentrer sur les sensations physiques, telles que les tiraillements, la douleur ou la relaxation. Cette prise de conscience aide les individus à reconnaître comment le traumatisme se manifeste dans leur corps et à identifier les domaines nécessitant une attention particulière.

2.   Mise à la terre :

- Concept : Établir un sentiment de stabilité et de présence dans l'ici et maintenant.

- Technique : Les exercices de mise à la terre consistent à se concentrer sur la connexion physique à la terre, comme sentir les pieds au sol ou le soutien d'une chaise. Ces exercices aident les clients à s'ancrer dans le moment présent, réduisant ainsi la dissociation et l'anxiété.

3. Expérience somatique (SE) :

- Concept : Une approche thérapeutique développée par le Dr Peter Levine qui se concentre sur la résolution des traumatismes en travaillant sur les sensations corporelles.

- Technique : SE consiste à suivre les sensations du corps et à lui permettre de compléter ses réponses naturelles au traumatisme. Ce processus permet de libérer l'énergie stockée et facilite le retour du corps à un état d'équilibre.

4. Psychothérapie sensorimotrice :

- Concept : Intégrer le traitement sensorimoteur à la thérapie cognitive et émotionnelle pour faire face aux effets d'un traumatisme.

- Technique : Les thérapeutes utilisent le mouvement, la posture et le geste pour explorer et traiter les souvenirs traumatiques. Cette approche aide les clients à développer de nouvelles réponses physiques et émotionnelles aux stimuli traumatiques.

5. Thérapies basées sur le mouvement :

- Concept : Utiliser le mouvement pour exprimer et libérer un traumatisme.

- Technique : Des pratiques telles que la danse-thérapie, le yoga et le tai-chi impliquent des mouvements délibérés qui aident à relâcher les tensions et favorisent un sentiment d'incarnation. Ces thérapies favorisent l'expression des émotions à travers le mouvement physique.

6. Respiration :

- Concept : Utiliser la respiration pour réguler le système nerveux et favoriser la relaxation.

- Technique : Des exercices de respiration profonde, tels que la respiration diaphragmatique ou la respiration en boîte, aident à calmer la réaction du corps au stress et à améliorer le bien-être général. Une respiration contrôlée peut également faciliter la libération des émotions refoulées.

7. Tactile et Carrosserie :

- Concept : Toucher sécuritaire et thérapeutique pour favoriser la guérison.

- Technique : Des méthodes telles que la massothérapie, la thérapie cranio-sacrale et l'acupression impliquent un toucher doux pour relâcher les tensions, améliorer la circulation et favoriser la relaxation. Le toucher doit être utilisé de manière éthique et avec le consentement du client.

Le rôle du corps dans la guérison des traumatismes

Le corps joue un rôle crucial dans le processus de guérison des traumatismes. Les traumatismes restent souvent piégés dans le corps, se manifestant par des symptômes physiques et des réponses physiologiques dérégulées. Comprendre et exploiter le rôle du corps dans la récupération après un traumatisme est essentiel pour une thérapie somatique efficace.

1. Libérer le traumatisme stocké :

- Souvenirs somatiques : les expériences traumatisantes sont souvent stockées dans le corps sous forme de souvenirs somatiques, qui peuvent se manifester sous forme de sensations physiques, de douleur ou de tension. En se concentrant sur ces sensations corporelles, la thérapie somatique permet de libérer ces souvenirs stockés et la charge émotionnelle associée.

- Compléter les réponses de survie : un traumatisme peut perturber les réponses naturelles de combat, de fuite ou de gel du corps. La thérapie somatique permet aux individus de compléter ces réponses de survie, en libérant l'énergie emprisonnée et en rétablissant l'équilibre.

2. Régulation du système nerveux :

- Système nerveux autonome (SNA) : un traumatisme peut déréguler le SNA, conduisant à une hyperexcitation (réponse de combat ou de fuite) ou à une hypoéveil (réponse de gel). Les techniques de thérapie somatique, telles que l'ancrage et la respiration, aident à réguler le SNA, favorisant ainsi un état de calme et de sécurité.

- Ton vagal : L'amélioration du tonus vagal grâce à des pratiques telles que la respiration profonde et la pleine conscience peut améliorer le fonctionnement du système nerveux parasympathique, facilitant la relaxation et réduisant le stress.

3. Améliorer l'intéroception :

- Conscience interne : un traumatisme peut altérer l'intéroception, la capacité de ressentir et de comprendre les états corporels internes. La thérapie somatique améliore la conscience intéroceptive, aidant les individus à reconnaître et à répondre aux besoins de leur corps. Cette prise de conscience est cruciale pour l'autorégulation et la santé émotionnelle.

4. Favoriser l'incarnation :

- Connexion au corps : Un traumatisme peut amener les individus à se sentir déconnectés de leur corps, conduisant à un sentiment d'aliénation et de désincarnation. La thérapie somatique favorise une reconnexion avec le corps, favorisant un sentiment d'appropriation et d'action sur ses expériences physiques et émotionnelles.

Avantages de la thérapie somatique

La thérapie somatique offre de nombreux avantages aux personnes souffrant de SSPT complexe, en proposant une approche holistique qui aborde l'impact multiforme des traumatismes sur le corps et l'esprit. Voici quelques avantages clés :

1. Guérison holistique :

- Approche globale : La thérapie somatique aborde à la fois les aspects physiques et psychologiques du traumatisme, offrant un processus de guérison plus complet et intégré. Cette approche holistique reconnaît que l'esprit et le corps sont interconnectés et doivent être traités ensemble.

2. Réduction des symptômes :

- Symptômes physiques : en s'attaquant aux manifestations physiques d'un traumatisme, telles que la douleur chronique, la tension et la fatigue, la thérapie somatique peut réduire considérablement ces symptômes, améliorant ainsi la santé physique et le bien-être général.

- Symptômes psychologiques : La thérapie somatique aide à soulager les symptômes d'anxiété, de dépression et de dérégulation émotionnelle en favorisant un sentiment de sécurité et de stabilité dans le corps.

3. Amélioration de la régulation émotionnelle :

- Régulation des émotions : des techniques telles que la respiration et l'ancrage améliorent la capacité de réguler les émotions, réduisant l'intensité des réactions émotionnelles et augmentant la stabilité émotionnelle.

- Renforcer la résilience : en favorisant une plus grande connexion avec le corps et en développant des stratégies d'adaptation saines, la thérapie somatique renforce la résilience, permettant aux individus de mieux gérer le stress et les défis émotionnels.

4. Conscience de soi améliorée :

- Conscience du corps : la thérapie somatique cultive une plus grande conscience des sensations, des mouvements et des réponses corporelles, conduisant à une compréhension plus profonde de l'impact du traumatisme sur le corps. Cette prise de conscience est une étape cruciale dans le processus de guérison.

- Conscience de soi : à mesure que les individus deviennent plus à l'écoute de leur corps, ils acquièrent une meilleure compréhension de leurs schémas émotionnels et psychologiques, ce qui leur permet de faire des choix et des changements conscients.

5. Autonomisation et agence :

- Participation active : la thérapie somatique encourage la participation active au processus de guérison, permettant ainsi aux individus de prendre le contrôle de leur rétablissement. En apprenant à écouter et à réagir à leur corps, les clients développent un sentiment d'action et d'auto-efficacité.

-Restaurer l'autonomie : Les traumatismes impliquent souvent une perte de contrôle et d'autonomie. La thérapie somatique aide à restaurer un sentiment de contrôle sur son corps et ses expériences, favorisant ainsi un sentiment d'autonomisation et d'estime de soi.

6. Renforcer les relations :

- Compétences interpersonnelles : En améliorant la régulation émotionnelle et la conscience de soi, la thérapie somatique améliore les compétences interpersonnelles et la capacité à nouer des relations saines. Les clients apprennent à communiquer efficacement leurs besoins et leurs limites.

- Confiance et connexion : à mesure que les individus guérissent d'un traumatisme et se reconnectent à leur corps, ils peuvent établir des liens plus profonds et plus confiants avec les autres, améliorant ainsi la qualité de leurs relations.

Chapitre 4

COMPRENDRE LA RÉPONSE DU CORPS AUX TRAUMATISMES

La réponse de combat, de fuite et de gel

La réponse du corps au traumatisme est régie par le système nerveux autonome (SNA), qui orchestre la réponse de combat, de fuite ou de gel. Ce mécanisme de survie inné prépare le corps à affronter ou à échapper aux menaces et peut également nous immobiliser face à un danger écrasant. La réponse au combat est caractérisée par l'agressivité et la volonté de se défendre, souvent accompagnées d'une tension musculaire accrue, d'un rythme cardiaque rapide et d'une vigilance accrue. La réaction de fuite implique une envie de fuir, avec des changements physiologiques comme une respiration accélérée, une pression artérielle élevée et des poussées d'adrénaline pour faciliter la fuite. Lorsque ni le combat ni la fuite ne sont possibles, la réponse de gel peut être déclenchée. Cela implique un état de paralysie ou de dissociation, dans lequel l'individu devient immobile et les fonctions corporelles ralentissent, souvent accompagné d'un sentiment d'engourdissement ou de détachement de la réalité. Cette réaction peut être particulièrement pénible, laissant les individus se sentir impuissants et piégés.

Le stress chronique et son impact sur le corps

L'exposition chronique au stress, comme on l'observe chez les personnes atteintes de SSPT complexe (C-PTSD), conduit à une activation persistante du système de réponse au stress. La libération continue d'hormones de stress comme le cortisol et l'adrénaline fait des ravages sur le corps, provoquant des effets néfastes à long terme. L'un des impacts majeurs concerne le système cardiovasculaire, où un stress prolongé peut entraîner une hypertension, un risque accru de maladie cardiaque et d'autres problèmes cardiovasculaires. Le système immunitaire souffre également, devenant moins efficace dans la lutte contre les infections et plus sujet aux inflammations, entraînant des maladies auto-immunes et d'autres problèmes de santé. De plus, le stress chronique perturbe les processus métaboliques, contribuant ainsi à des pathologies telles que l'obésité, le diabète et des problèmes gastro-intestinaux. La santé mentale est également affectée, le stress exacerbant l'anxiété, la dépression et les troubles cognitifs. Le cerveau lui-même subit des changements structurels et fonctionnels, notamment une atrophie hippocampique, qui altère la mémoire et l'apprentissage, et un dysfonctionnement du cortex préfrontal, affectant la prise de décision et la régulation émotionnelle. Ces impacts généralisés soulignent l'importance de lutter contre le stress chronique dans la récupération après un traumatisme.

Reconnaître les symptômes somatiques d'un traumatisme

Le traumatisme se manifeste non seulement dans l'esprit mais aussi dans le corps, se présentant souvent sous la forme de symptômes somatiques qui peuvent être déroutants et débilitants. Les symptômes somatiques courants d'un traumatisme comprennent des douleurs chroniques, telles que des maux de tête, des maux de dos ou des tensions musculaires, qui ne répondent souvent pas aux traitements médicaux standards. Les problèmes gastro-intestinaux, notamment le syndrome du côlon irritable (SCI), les nausées et les modifications de l'appétit, sont également répandus chez les survivants d'un traumatisme. Les troubles du sommeil, tels que l'insomnie, les cauchemars ou le sommeil agité, aggravent encore les conséquences physiques des traumatismes. De plus, les individus peuvent ressentir des symptômes cardiovasculaires tels que des palpitations ou un essoufflement, imitant des maladies cardiaques mais ancrés dans l'anxiété et l'hyperexcitation. Les troubles cutanés, tels que l'eczéma ou le psoriasis, peuvent s'aggraver en raison de la réponse inflammatoire du corps au stress. Reconnaître ces symptômes somatiques est crucial, car ils fournissent des indices essentiels sur le traumatisme sous-jacent et son impact omniprésent. Une thérapie traumatologique efficace doit s'attaquer à ces manifestations physiques, en aidant les individus à renouer avec leur corps, à comprendre les origines de leurs symptômes et à trouver un soulagement grâce à des approches holistiques centrées sur le corps.

Comprendre la réponse du corps au traumatisme est essentiel tant pour les thérapeutes que pour les personnes cherchant à guérir d'un SSPT complexe. La réaction de combat, de fuite et de gel met en évidence la réaction immédiate du corps aux menaces, tandis que l'impact du stress chronique élucide les conséquences à long terme sur la santé physique. La reconnaissance des symptômes somatiques comble le fossé entre l'esprit et le corps, soulignant la nécessité de stratégies de traitement globales qui abordent à la fois les dimensions psychologiques et physiologiques du traumatisme. Grâce à la thérapie somatique, les individus peuvent apprendre à écouter leur corps, à gérer leur traumatisme et à se lancer dans un voyage vers une guérison et un rétablissement holistiques.

Chapitre 5

SENSIBILITÉ SOMATIQUE ET PLEINE CONSCIENCE

Développer la conscience somatique

La conscience somatique est le fondement de la thérapie somatique et implique de cultiver une sensibilité accrue aux sensations corporelles, aux mouvements et aux états internes. Pour les personnes atteintes de SSPT complexe (C-PTSD), développer une conscience somatique peut être à la fois difficile et transformateur. Les traumatismes perturbent souvent la connexion entre l'esprit et le corps, entraînant une dissociation ou un engourdissement. Rétablir cette connexion est crucial pour la guérison.

1. Techniques de mise à la terre : Le grounding est une pratique fondamentale pour développer la conscience somatique. Il s'agit d'attirer l'attention sur le contact du corps avec l'environnement physique. Les techniques peuvent inclure la sensation des pieds sur le sol, du dos contre une chaise ou la sensation de tenir un objet. Ces pratiques aident à ancrer les individus dans le moment présent et à créer un sentiment de stabilité.

2. Scanner corporel : Cette technique consiste à concentrer systématiquement son attention sur différentes parties du corps, en remarquant les sensations sans jugement. En commençant par les orteils et en remontant jusqu'à la tête, les individus apprennent à observer les zones de tension, de relaxation, de chaleur ou d'inconfort. Le scan corporel améliore la capacité à reconnaître et à répondre aux signaux corporels, favorisant ainsi une connexion plus profonde avec le soi physique.

3. Conscience de la respiration : Se concentrer sur la respiration est un autre moyen efficace de développer la conscience somatique. Observer le rythme naturel de la respiration, remarquer la montée et la descente de la poitrine ou de l'abdomen et prendre conscience des sensations d'inspiration et d'expiration peuvent calmer le système nerveux et favoriser un sentiment de paix intérieure.

4. Mouvement et étirements : Des mouvements doux et des étirements aident les individus à devenir plus en phase avec leur corps. Des pratiques telles que le yoga, le tai-chi ou de simples exercices d'étirement encouragent l'exploration de la sensation du corps en mouvement, améliorant ainsi la conscience somatique et la flexibilité.

Pratiques de pleine conscience pour les survivants d'un traumatisme

La pleine conscience est un outil puissant pour les survivants d'un traumatisme, aidant à cultiver une conscience sans jugement du moment présent. Il encourage les individus à observer leurs pensées, leurs sentiments et leurs sensations corporelles sans se laisser submerger par ceux-ci. Les pratiques de pleine conscience peuvent être particulièrement bénéfiques pour les personnes atteintes du C-PTSD, car elles favorisent un sentiment de sécurité et de contrôle.

1. Respiration consciente : Cette pratique consiste à prêter une attention particulière à la respiration, en l'utilisant comme point d'ancrage pour rester présent. Les individus sont encouragés à remarquer chaque inspiration et expiration, en observant la profondeur, la vitesse et le rythme de la respiration. La respiration consciente peut être pratiquée n'importe où et à tout moment, offrant un moyen rapide de réduire l'anxiété et de s'ancrer.

2. Marche consciente : Marcher en pleine conscience implique de se concentrer sur les sensations de chaque pas, comme la sensation des pieds touchant le sol et le mouvement des jambes. Cette pratique allie activité physique et pleine conscience, ce qui en fait un moyen accessible et efficace de cultiver la présence et le calme.

3. Manger en pleine conscience : Manger en pleine conscience signifie prêter toute son attention à l'expérience de manger, en remarquant le goût, la texture et l'arôme des aliments, ainsi que les sensations de faim et de satiété. Cette pratique aide les individus à renouer avec leur corps et à apprécier la nourriture qu'ils apportent.

4. Méditation de bienveillance : Cette forme de pratique de pleine conscience consiste à cultiver des sentiments de compassion et de gentillesse envers soi-même et envers les autres. Les survivants d'un traumatisme sont souvent confrontés à l'autocritique et à une perception négative d'eux-mêmes. La méditation de bienveillance aide à contrecarrer ces tendances, favorisant l'acceptation de soi et la guérison émotionnelle.

5. Méditation par scan corporel : Semblable au scan corporel dans la conscience somatique, la méditation par scan corporel implique une exploration ciblée et guidée des sensations corporelles. Cette pratique aide les individus à identifier les zones de tension ou d'inconfort et favorise une conscience compatissante du corps.

Intégrer la pleine conscience dans la thérapie somatique

L'intégration de la pleine conscience dans la thérapie somatique améliore le processus thérapeutique en approfondissant la connexion entre l'esprit et le corps. Cette intégration aide les clients à devenir plus conscients de leur état physique et émotionnel, facilitant ainsi une approche holistique de la guérison des traumatismes.

1. Créer un espace sûr : L'environnement thérapeutique doit être sûr pour que les clients puissent explorer leurs sensations corporelles et leurs émotions.

Les thérapeutes doivent établir un espace de confiance et de non-jugement, permettant aux clients de s'exprimer librement et authentiquement.

2. Combinaison de techniques : Les thérapeutes peuvent combiner des pratiques de pleine conscience avec des techniques somatiques pour améliorer la conscience corporelle et la régulation émotionnelle. Par exemple, combiner la respiration consciente et l'analyse corporelle peut aider les clients à rester ancrés tout en explorant les zones de tension physique ou d'inconfort.

3. Aborder les déclencheurs de traumatismes : La pleine conscience aide les clients à reconnaître et à gérer les déclencheurs de traumatismes. En prenant conscience de la façon dont leur corps réagit à certains stimuli, les clients peuvent développer des stratégies pour faire face aux déclencheurs et prévenir un nouveau traumatisme. Des techniques telles que la respiration consciente et les exercices de mise à la terre sont inestimables dans ces moments-là.

4. Améliorer la régulation émotionnelle : Les pratiques de pleine conscience, telles que l'observation des pensées et des émotions sans jugement, aident les clients à développer de meilleures capacités de régulation émotionnelle. Ceci est crucial pour les personnes atteintes du C-PTSD, qui éprouvent souvent des émotions intenses et accablantes. La pleine conscience favorise un sentiment de contrôle et de résilience.

5. Promouvoir l'auto-compassion : L'intégration de la pleine conscience dans la thérapie somatique encourage l'auto-compassion, un élément essentiel de la guérison d'un traumatisme. Des pratiques telles que la méditation sur la bienveillance aident les clients à développer une relation plus gentille et plus tolérante avec eux-mêmes, luttant ainsi contre les perceptions négatives de soi souvent associées aux traumatismes.

6. Encourager la pratique quotidienne : Les thérapeutes doivent encourager les clients à intégrer la pleine conscience et les pratiques somatiques dans leur vie quotidienne. Une pratique cohérente aide à renforcer la connexion corps-esprit et favorise la guérison continue. Des activités simples comme la respiration consciente, la marche ou les étirements peuvent être facilement intégrées aux routines quotidiennes.

7. Suivi des progrès : L'examen régulier des progrès aide les clients à voir les avantages de l'intégration de la pleine conscience dans leur parcours thérapeutique. Tenir un journal des pratiques de pleine conscience, des sensations corporelles et des expériences émotionnelles

peut fournir des informations précieuses et mettre en
évidence les améliorations au fil du temps.

Chapitre 6

EXPÉRIENCE SOMATIQUE

Qu'est-ce que l'expérience somatique ?

L'expérience somatique (SE) est une approche thérapeutique axée sur le corps développée par le Dr Peter A. Levine, conçue pour traiter et guérir les effets physiologiques et psychologiques des traumatismes. Contrairement à la thérapie par la parole traditionnelle, qui se concentre principalement sur les aspects cognitifs et émotionnels du traumatisme, la SE met l'accent sur l'importance des sensations et des réponses corporelles. Le principe fondamental de l'ES est que le traumatisme réside non seulement dans l'esprit mais aussi dans le corps, où il peut rester « bloqué » et provoquer une détresse permanente.

SE fonctionne en aidant les individus à accéder et à libérer l'énergie et la tension emprisonnées qui résultent d'expériences traumatisantes. Ceci est réalisé grâce à un processus d'observation consciente et de régulation des sensations corporelles, permettant au corps de compléter ses réponses naturelles d'autoprotection. Ce faisant, SE vise à rétablir l'équilibre naturel du corps et à promouvoir un sentiment de sécurité et de bien-être.

L'un des concepts clés de l'ES est l'idée de « pendulation », qui consiste à se déplacer en douceur entre des états de détresse et de confort. Cette approche aide les individus à traiter progressivement les souvenirs traumatisants sans se laisser submerger, favorisant ainsi la résilience et la régulation émotionnelle. De plus, les praticiens SE se concentrent sur la création de « ressources » – des expériences internes ou externes positives qui procurent un sentiment de sécurité et de stabilité. Ces ressources agissent comme des points d'ancrage pendant le processus thérapeutique, aidant les clients à naviguer et à libérer l'énergie traumatique.

Techniques et exercices

L'expérience somatique utilise une gamme de techniques et d'exercices conçus pour aider les individus à devenir plus à l'écoute de leurs sensations corporelles et à se libérer des manifestations physiques du traumatisme. Voici quelques-unes des techniques de base utilisées en SE :

1. Conscience du corps :

- Technique : Les clients sont guidés pour se concentrer sur les sensations physiques, telles que les picotements, la chaleur, la tension ou la relaxation. Cette conscience accrue aide les individus à reconnaître où le traumatisme est stocké dans le corps et comment il se manifeste.

- Exercice : Un exercice courant consiste à scanner le corps de la tête aux pieds, en notant toute zone d'inconfort ou de tension. Les clients apprennent à observer ces sensations sans jugement et à rester présents avec elles.

2. Mise à la terre :

- Technique : Les exercices de mise à la terre aident les clients à se connecter avec leur corps et le moment présent, réduisant ainsi la dissociation et l'anxiété.

- Exercice : Des techniques simples de mise à la terre consistent à sentir les pieds sur le sol, à appuyer les mains contre une surface solide ou à se concentrer sur la respiration. Ces exercices ancrent les clients dans l'ici et maintenant, procurant un sentiment de stabilité.

3. Pendulation :

- Technique : Cela implique de passer d'un état d'inconfort à un état de confort, en aidant les clients à traiter le traumatisme par incréments gérables.

- Exercice : les clients peuvent être guidés pour se remémorer un souvenir légèrement pénible tout en se concentrant simultanément sur une ressource, telle qu'une image ou une sensation apaisante. Ce mouvement de va-et-vient permet de libérer l'énergie traumatique sans submerger le client.

4. Titrage :

- Technique : Le titrage consiste à décomposer le traitement du matériel traumatique en petits morceaux gérables pour éviter une nouvelle traumatisation.

- Exercice : Plutôt que de plonger profondément dans un souvenir traumatique, il peut être demandé aux clients de se concentrer sur un petit aspect de celui-ci, comme un son ou une image spécifique, tout en surveillant leurs réactions corporelles. Cette approche prudente permet un traitement et une intégration progressifs.

5. Ressources :

- Technique : Construire et utiliser des ressources internes et externes pour apporter soutien et stabilité pendant la thérapie.

- Exercice : Les clients identifient des ressources personnelles, telles que des souvenirs positifs, des relations de soutien ou des sensations physiques de confort. Ces ressources sont ensuite utilisées pour contrebalancer les expériences pénibles et soutenir la régulation émotionnelle.

6. Modèle SIBAM :

- Technique : Ce modèle consiste à se concentrer sur la sensation, l'image, le comportement, l'affect et le sens pour traiter pleinement les expériences traumatisantes.

- Exercice : les clients peuvent explorer un souvenir traumatique à travers chacune de ces dimensions, en remarquant comment les sensations, les images, les comportements, les affects et les significations sont interconnectés. Cette approche globale permet d'intégrer le traumatisme dans le récit global du client.

Études de cas et histoires de réussite

Pour illustrer l'efficacité de l'expérience somatique, considérez les études de cas et les réussites suivantes. Ces exemples montrent comment l'ES peut aider les personnes atteintes d'un SSPT complexe à surmonter leur traumatisme et à guérir.

Étude de cas 1 : Le parcours de Sarah vers la guérison

Sarah, une femme de 35 ans, a cherché une thérapie pour des symptômes d'anxiété, de douleur chronique et d'engourdissement émotionnel résultant de maltraitances pendant l'enfance. La thérapie par la parole traditionnelle lui avait apporté un certain soulagement, mais n'avait pas résolu ses symptômes physiques. Grâce à SE, Sarah a commencé à développer une plus grande conscience de ses sensations corporelles. Au cours d'une séance, elle a remarqué une oppression dans sa poitrine tout en se remémorant un souvenir traumatisant. En se concentrant sur cette sensation et en la laissant se déployer, elle a ressenti une vague de tristesse puis de soulagement. Au fil du temps, Sarah a appris à identifier et à relâcher la tension associée à son traumatisme. Sa douleur chronique a diminué et elle a déclaré se sentir plus connectée à ses émotions et à son corps.

Étude de cas 2 : Le chemin de Mark vers la résilience

Mark, un vétéran militaire de 40 ans, a souffert de flashbacks, d'insomnie et d'hypervigilance à son retour de déploiement. Lors des séances SE, Mark a pratiqué des techniques de mise à la terre et a appris à se concentrer sur sa respiration pendant les moments de détresse. Grâce à la technique de la pendulation, il a progressivement traité les souvenirs traumatisants du combat tout en s'appuyant sur des ressources positives, comme le souvenir du soutien de sa famille. Mark a signalé une réduction significative des flashbacks et de l'anxiété. Il a également retrouvé un sentiment de contrôle sur ses réponses aux déclencheurs, conduisant à une amélioration du sommeil et du bien-être général.

Histoire de réussite : la transformation d'Emma

Emma, une femme de 28 ans, a connu de graves crises d'anxiété et de panique suite à un accident de voiture. Grâce à SE, Emma a appris à suivre ses sensations corporelles et à reconnaître quand elle entrait dans un état d'hyperexcitation. Au cours d'une séance, elle s'est concentrée sur la sensation de son cœur qui s'emballait tout en s'ancrant en appuyant ses pieds sur le sol. Cette pratique l'a aidée à surfer sur la vague d'anxiété sans se laisser submerger. Au fil du temps, les crises de panique d'Emma ont diminué en fréquence et en intensité. Elle a gagné en confiance dans sa capacité à gérer le stress et a déclaré se sentir plus présente et plus résiliente dans sa vie quotidienne.

Ces études de cas et histoires de réussite soulignent le potentiel transformateur de l'expérience somatique pour les personnes souffrant d'un SSPT complexe. En abordant le rôle du corps dans les traumatismes et en utilisant des techniques qui favorisent la conscience et la régulation corporelles, SE offre une voie puissante vers la guérison. Les clients apprennent à renouer avec leur corps, à traiter les souvenirs traumatisants en toute sécurité et à renforcer leur résilience, pour finalement atteindre un sentiment d'autonomisation et de bien-être.

Chapitre 7

PSYCHOTHÉRAPIE SENSORIMOTRICE

La Psychothérapie Sensorimotrice (SP) est une approche thérapeutique qui intègre les principes des thérapies traditionnelles par la parole avec des techniques centrées sur le corps. Développé par Pat Ogden, le SP est particulièrement efficace dans le traitement du SSPT complexe (C-PTSD) car il aborde les composantes somatiques du traumatisme ainsi que les aspects cognitifs et émotionnels. Ce chapitre explore les caractéristiques uniques de la psychothérapie sensorimotrice et ses relations avec d'autres modalités thérapeutiques telles que la thérapie cognitivo-comportementale (TCC), la désensibilisation et le retraitement des mouvements oculaires (EMDR), l'expérience somatique (SE) et la thérapie comportementale dialectique (TCD).

Thérapie cognitivo-comportementale (TCC)

La thérapie cognitivo-comportementale est une approche psychothérapeutique largement utilisée et fondée sur des preuves qui se concentre sur l'identification et la modification des schémas de pensée et des comportements inadaptés. La TCC repose sur l'idée que nos pensées, nos émotions et nos comportements sont interconnectés et qu'en modifiant les schémas de pensée négatifs, nous pouvons influencer nos réponses émotionnelles et comportementales. Dans le contexte d'un traumatisme, la TCC aide les individus à reconnaître et à remettre en question les croyances déformées sur eux-mêmes et sur le monde, qui sont souvent enracinées dans des expériences traumatisantes.

Intégration avec la Psychothérapie Sensorimotrice :
- Combinaison d'interventions cognitives et somatiques : la psychothérapie sensorimotrice s'appuie sur les interventions cognitives de la TCC en incorporant des techniques centrées sur le corps. Alors que la TCC s'attaque aux distorsions cognitives et aux comportements inadaptés, la SP travaille simultanément avec les sensations physiques et les mouvements associés au traumatisme. Cette double approche aide les clients à réaliser un processus de guérison plus complet.
- Aborder la mémoire somatique : les souvenirs traumatiques se manifestent souvent par des sensations somatiques, telles que des tiraillements, des douleurs ou des engourdissements. SP utilise des techniques de

pleine conscience et de conscience corporelle pour aider les clients à remarquer et à traiter ces sensations, facilitant ainsi la libération des traumatismes stockés dans le corps.

Désensibilisation et retraitement des mouvements oculaires (EMDR)

L'EMDR est une thérapie structurée conçue pour soulager la détresse associée aux souvenirs traumatisants. Cela implique l'utilisation de stimulations bilatérales, telles que des mouvements oculaires, des tapotements ou des tonalités, pendant que le client se souvient d'événements pénibles. Le processus aide à retraiter les souvenirs traumatisants, en réduisant leur impact émotionnel et en transformant les croyances négatives associées au traumatisme.

Intégration avec la Psychothérapie Sensorimotrice :
- Conscience du corps en EMDR : La psychothérapie sensorimotrice améliore l'EMDR en mettant l'accent sur la conscience du corps lors du retraitement des souvenirs traumatiques. Les clients sont encouragés à remarquer les sensations physiques qui surviennent lors des séances EMDR, aidant ainsi à intégrer les aspects cognitifs et somatiques du traumatisme.

- Mise à la terre et régulation : les techniques SP, telles que les exercices de mise à la terre et de régulation, peuvent être utilisées pour préparer les clients aux séances EMDR et pour les aider à gérer les sensations pénibles qui peuvent survenir. Cette intégration garantit une approche plus holistique et plus solidaire du traitement des traumatismes.

Expérience somatique (SE)

L'expérience somatique est une approche de guérison des traumatismes axée sur le corps, développée par le Dr Peter A. Levine. SE se concentre sur la libération de la tension physique et de l'énergie qui restent emprisonnées dans le corps lors d'événements traumatisants. En favorisant la conscience des sensations corporelles et en permettant la réalisation de réponses d'autoprotection, SE vise à rétablir l'équilibre du système nerveux autonome.

Intégration avec la Psychothérapie Sensorimotrice :
- Concentration partagée sur le corps : SE et SP soulignent l'importance des sensations corporelles dans la guérison des traumatismes. SP intègre de nombreux principes et techniques de SE, tels que la mise à la terre,

la pendulation et le titrage, pour aider les clients à traiter les traumatismes à travers leur corps.

- Création de ressources : la psychothérapie sensorimotrice utilise des techniques similaires à Voir pour construire des ressources internes et externes. Ces ressources procurent un sentiment de sécurité et de soutien, permettant aux clients de traiter plus efficacement les souvenirs traumatisants.

Thérapie comportementale dialectique (TCD)

La thérapie comportementale dialectique, développée par le Dr Marsha Linehan, est un traitement complet fondé sur des preuves pour les personnes souffrant de dérégulation émotionnelle grave, souvent associée à un SSPT complexe. La DBT combine des techniques cognitivo-comportementales avec des pratiques de pleine conscience, en mettant l'accent sur la formation de compétences dans des domaines tels que la régulation émotionnelle, la tolérance à la détresse, l'efficacité interpersonnelle et la pleine conscience.

Intégration avec la Psychothérapie Sensorimotrice :
- Pratiques de pleine conscience : DBT et SP intègrent des pratiques de pleine conscience pour aider les clients

à développer une plus grande conscience de leurs pensées, de leurs émotions et de leurs sensations corporelles. La pleine conscience en SP se concentre sur l'expérience somatique, aidant les clients à rester présents avec leurs sensations physiques pendant qu'ils traitent un traumatisme.

- Régulation émotionnelle : la psychothérapie sensorimotrice complète l'accent mis par la DBT sur la régulation émotionnelle en abordant les aspects physiques des réponses émotionnelles. Des techniques telles que l'ancrage et le mouvement aident les clients à réguler leurs émotions à travers leur corps, améliorant ainsi l'efficacité de la formation aux compétences DBT.

- Tolérance à la détresse : SP intègre les techniques de tolérance à la détresse du DBT, aidant les clients à gérer des émotions intenses et des sensations corporelles sans recourir à des comportements inadaptés. Cette intégration fournit un cadre solide pour faire face aux défis de la récupération après un traumatisme.

L'approche unique de la psychothérapie sensorimotrice

La psychothérapie sensorimotrice se distingue par la combinaison d'interventions cognitives, émotionnelles et somatiques dans une approche cohérente et holistique du traitement des traumatismes. Cette intégration permet une compréhension globale et une guérison des traumatismes, en abordant l'interaction entre l'esprit et le corps.

Principales caractéristiques de la psychothérapie sensorimotrice :

- Pleine conscience et conscience somatique : SP souligne l'importance de la pleine conscience et de la conscience corporelle dans le processus thérapeutique. Les clients apprennent à observer leurs sensations corporelles, leurs mouvements et leurs postures, acquérant ainsi un aperçu de la façon dont le traumatisme est stocké et exprimé dans leur corps.

- Traitement ascendant : alors que les thérapies traditionnelles se concentrent souvent sur un traitement descendant (en commençant par les pensées et les émotions), la SP met l'accent sur le traitement ascendant. Cette approche commence par les sensations et les mouvements corporels, aidant les clients à accéder et à se libérer d'un traumatisme qui ne peut pas être facilement atteint par les seules interventions cognitives.

- Guérison incarnée : SP considère le corps comme une source vitale d'information et de guérison. En travaillant avec les sensations et les mouvements physiques, les clients peuvent accéder et se libérer des effets profonds du traumatisme, conduisant à un sentiment de soi plus intégré et incarné.

Chapitre 8

THÉRAPIES BASÉES SUR LE MOUVEMENT

Le rôle du mouvement dans la guérison

Le mouvement est un aspect fondamental de l'existence humaine, profondément lié à notre bien-être physique, émotionnel et psychologique. Dans le contexte de la thérapie traumatologique, le mouvement joue un rôle crucial pour faciliter la guérison et le rétablissement. Les traumatismes perturbent souvent les rythmes et schémas naturels du corps, conduisant à un état de dérégulation physique et émotionnelle. Les thérapies basées sur le mouvement aident à restaurer ces rythmes, favorisant un sentiment de sécurité, d'autonomisation et d'intégration.

1. Reconnexion avec le corps :

Un traumatisme peut amener les individus à se déconnecter de leur corps, entraînant des sentiments d'engourdissement, de dissociation et une perte de conscience corporelle. Les thérapies basées sur le mouvement aident les clients à se reconnecter à leur corps physique, favorisant ainsi un sentiment d'incarnation et de présence. Grâce à des mouvements intentionnels, les individus peuvent devenir plus à l'écoute de leurs sensations corporelles, de leurs émotions et de leurs besoins.

2. Libérer le traumatisme stocké :

Les expériences traumatisantes sont souvent stockées dans le corps sous forme de tension physique, de douleur ou de restrictions de mouvements. Les thérapies basées sur le mouvement facilitent la libération de ces énergies traumatiques stockées, permettant au corps de traiter et de se libérer du traumatisme. Cette libération peut conduire à une réduction des symptômes physiques et à un sentiment général de soulagement et de liberté.

3. Améliorer l'expression émotionnelle :

Le mouvement offre un moyen non verbal d'exprimer des émotions qui peuvent être difficiles à exprimer par des mots. Ceci est particulièrement important pour les survivants d'un traumatisme qui peuvent avoir du mal à verbaliser leurs expériences. Grâce au mouvement, les individus peuvent exprimer et traiter en toute sécurité un large éventail d'émotions, notamment la peur, la colère, la tristesse et la joie.

4. Renforcer la résilience et l'autonomisation :
S'engager dans des thérapies basées sur le mouvement peut aider les individus à développer leur résilience et un sentiment d'autonomisation. En explorant de nouvelles façons de bouger et de vivre leur corps, les clients peuvent développer un plus grand sentiment de contrôle et d'action. Cette autonomisation peut se traduire dans d'autres domaines de la vie, favorisant le rétablissement et le bien-être global.

Danse et thérapie par le mouvement

La danse et la thérapie par le mouvement (DMT), également connue sous le nom de danse-thérapie, est une approche psychothérapeutique qui utilise le mouvement et la danse pour soutenir l'intégration émotionnelle, cognitive et physique. Développée au milieu du 20e siècle, la DMT repose sur le principe selon lequel le mouvement reflète l'état intérieur d'un individu et qu'en s'engageant dans un mouvement expressif, les individus peuvent accéder et transformer leurs expériences émotionnelles et psychologiques.

1. Principes fondamentaux du DMT :
- Le mouvement comme communication : DMT considère le mouvement comme une forme de

communication non verbale qui peut révéler des pensées, des émotions et des schémas inconscients. Les thérapeutes utilisent l'observation et l'analyse du mouvement pour comprendre et répondre aux besoins des clients.

- Connexion corps-esprit : La DMT met l'accent sur l'interconnexion de l'esprit et du corps, reconnaissant que les changements de mouvement peuvent entraîner des changements dans les états émotionnels et psychologiques. En explorant de nouveaux schémas de mouvement, les clients peuvent développer de nouvelles façons de penser et de ressentir.

- Expression créative : DMT encourage l'expression créative à travers le mouvement et la danse. Ce processus créatif permet aux clients d'explorer leur monde intérieur, d'exprimer leurs émotions et d'expérimenter de nouvelles façons d'être.

2. Techniques et interventions :

- Mirroring : Dans cette technique, le thérapeute reflète les mouvements du client, favorisant un sentiment d'harmonisation et d'empathie. La mise en miroir aide les clients à se sentir vus et compris, créant ainsi un espace d'exploration sûr.

- Dialogues de mouvement : Les dialogues de mouvement impliquent des échanges non verbaux entre le thérapeute et le client, permettant une interaction dynamique et spontanée. Ces dialogues peuvent révéler des émotions et des schémas sous-jacents qui peuvent ne pas être accessibles par les mots.

- Mouvement authentique : Le mouvement authentique est une forme de DMT où les clients se déplacent librement et spontanément, guidés par leurs impulsions internes. Cette pratique encourage une profonde conscience de soi et l'expression de soi, aidant les clients à se connecter avec leur moi authentique.

3. Avantages du DMT :

- Régulation émotionnelle : DMT aide les clients à réguler leurs émotions en leur fournissant un moyen sûr d'expression et de libération. Le mouvement peut réduire les sentiments d'anxiété, de dépression et de stress, favorisant ainsi l'équilibre émotionnel.

- Conscience du corps : Grâce à l'exploration du mouvement, les clients développent une plus grande conscience du corps et une plus grande pleine conscience. Cette prise de conscience accrue peut conduire à une relation plus positive avec le corps et à une meilleure estime de soi.

- Connexion sociale : le DMT implique souvent des séances de groupe, favorisant un sentiment de communauté et de soutien social. S'engager dans du mouvement avec les autres peut réduire les sentiments d'isolement et améliorer les relations interpersonnelles.

Yoga et pratiques sensibles aux traumatismes

Le yoga est une pratique ancienne qui combine postures physiques, contrôle de la respiration, méditation et principes éthiques pour favoriser le bien-être général. Ces dernières années, le yoga est devenu reconnu comme une thérapie complémentaire efficace pour les survivants d'un traumatisme. Le yoga sensible aux traumatismes (TSY) est une approche spécialisée qui adapte les pratiques de yoga traditionnelles pour répondre aux besoins uniques des personnes ayant des antécédents de traumatisme.

1. Principes fondamentaux du yoga sensible aux traumatismes :

- Sécurité et choix : TSY donne la priorité à la création d'un environnement sûr et favorable pour les participants. Les instructeurs mettent l'accent sur le choix personnel, encourageant les individus à écouter leur corps et à prendre les décisions qui leur conviennent. Cette approche permet de restaurer un sentiment de contrôle et d'autonomie.

- Pleine conscience et présence : TSY intègre des pratiques de pleine conscience, aidant les participants à rester présents avec leurs sensations corporelles et leur respiration. La pleine conscience améliore la conscience du corps et soutient la régulation du système nerveux.

- Approche non directive : les instructeurs TSY utilisent un langage sur invitation et évitent les ajustements physiques. Cette approche non directive respecte les limites des participants et favorise un sentiment d'autonomisation et d'autonomie.

2. Techniques et pratiques :

- Conscience de la respiration : se concentrer sur la respiration est une pratique fondamentale du TSY. La conscience de la respiration aide à calmer le système nerveux, à réduire l'anxiété et à améliorer la pleine conscience. Des techniques telles que la respiration profonde, la respiration diaphragmatique et la respiration alternée par les narines sont couramment utilisées.

- Postures douces : TSY met l'accent sur des postures de yoga douces et accessibles qui favorisent la relaxation et la conscience du corps. Des postures telles que la pose de l'enfant, l'étirement chat-vache et la flexion assise vers l'avant sont souvent incluses dans les cours sensibles aux traumatismes.

- Exercices de mise à la terre : les exercices de mise à la terre aident les participants à se sentir plus connectés à leur corps et au moment présent. Des techniques telles que presser les pieds sur le sol, ressentir le soutien du tapis et se concentrer sur les sensations physiques sont couramment utilisées.

- Relaxation guidée : des pratiques de relaxation guidées, telles que des scans corporels et une relaxation musculaire progressive, aident les participants à relâcher les tensions et à cultiver un sentiment de calme et de sécurité. Ces pratiques soutiennent les processus naturels de guérison du corps.

3. Avantages du yoga sensible aux traumatismes :

- Régulation du système nerveux : TSY aide à réguler le système nerveux autonome en favorisant la relaxation et en réduisant l'hyperexcitation. Cette régulation soutient le bien-être émotionnel et physique global.

- Conscience corporelle améliorée : TSY favorise une plus grande conscience corporelle et une plus grande pleine conscience, aidant les participants à se reconnecter avec leur corps et à développer une relation positive avec les sensations physiques.

- Autonomisation et résilience : en mettant l'accent sur le choix personnel et l'autonomie, TSY permet aux participants de jouer un rôle actif dans leur processus de guérison. Ce sentiment d'autonomisation renforce la résilience et soutient la reprise à long terme.

Chapitre 9

TECHNIQUES DE RESPIRATION ET DE RÉGULATION

Le pouvoir de la respiration dans la récupération d'un traumatisme

La respiration est un outil puissant et accessible pour se remettre d'un traumatisme, en particulier pour les personnes aux prises avec un SSPT complexe. L'acte de respirer est à la fois automatique et contrôlable, ce qui en fait un pont unique entre l'inconscient et le conscient. Grâce à la respiration intentionnelle, les individus peuvent réguler leur système nerveux, réduire le stress et favoriser un sentiment de calme et de sécurité.

1. Impact physiologique :

La respiration influence directement le système nerveux autonome (SNA), qui contrôle la réponse du corps au stress. En modifiant consciemment la respiration, les individus peuvent activer le système nerveux parasympathique, favorisant la relaxation et réduisant la réaction de combat, de fuite ou de gel associée au traumatisme.

2. Régulation émotionnelle :

Les techniques de respiration peuvent aider à gérer et moduler les émotions. Une respiration profonde et lente peut apaiser l'anxiété et la panique, tandis qu'une respiration rythmée peut stabiliser l'humeur et améliorer la résilience émotionnelle. Pour les survivants d'un traumatisme, développer le contrôle de leur respiration peut procurer un sentiment d'autonomisation et de maîtrise de leurs états émotionnels.

3. Connexion corps-esprit :

La respiration favorise une connexion plus forte entre l'esprit et le corps. Le traumatisme conduit souvent à une déconnexion et à une dissociation des sensations corporelles. Grâce à la respiration, les individus peuvent cultiver une plus grande conscience de leur corps, les aidant ainsi à rester présents et ancrés dans leur expérience physique.

Exercices de respiration pour la régulation

Plusieurs exercices de respiration spécifiques peuvent aider à la régulation du système nerveux et favoriser la récupération après un traumatisme. Ces techniques sont conçues pour être simples, efficaces et faciles à intégrer dans la pratique quotidienne.

1. Respiration diaphragmatique :

La respiration diaphragmatique, également connue sous le nom de respiration abdominale, implique des respirations profondes qui engagent pleinement le diaphragme, favorisant la relaxation et réduisant les tensions.

Technique:

- Asseyez-vous ou allongez-vous dans une position confortable.

- Placez une main sur la poitrine et l'autre sur le ventre.

- Inspirez profondément par le nez, permettant au diaphragme de se dilater et au ventre de se soulever.

- Expirez lentement par la bouche en sentant le ventre tomber.

- Répétez pendant plusieurs minutes en vous concentrant sur la montée et la descente de l'abdomen.

2. Respiration en boîte :

La respiration en boîte, ou respiration carrée, est une technique structurée qui implique à parts égales l'inspiration, l'apnée, l'expiration et l'apnée.

Technique:
- Asseyez-vous confortablement, le dos droit.
- Inspirez par le nez en comptant jusqu'à quatre.
- Retenez votre souffle en comptant jusqu'à quatre.
- Expirez lentement par la bouche en comptant jusqu'à quatre.
- Retenez votre souffle en comptant jusqu'à quatre.
- Répétez le cycle plusieurs fois, en vous concentrant sur le maintien de respirations régulières et régulières.

3. Respiration narine alternative :

La respiration par narines alternées (Nadi Shodhana) est une pratique yogique qui équilibre les hémisphères gauche et droit du cerveau, favorisant le calme et la clarté mentale.

Technique:
- Asseyez-vous confortablement avec la colonne vertébrale droite.
- Utilisez le pouce droit pour fermer la narine droite.
- Inspirez profondément par la narine gauche.

- Fermez la narine gauche avec l'annulaire droit et relâchez la narine droite.

- Expirez par la narine droite.

- Inspirez par la narine droite.

- Fermez la narine droite et relâchez la narine gauche.

- Expirez par la narine gauche.

- Continuez le cycle pendant plusieurs minutes en vous concentrant sur le flux respiratoire.

4. 4-7-8 Respiration :

La technique de respiration 4-7-8, développée par le Dr Andrew Weil, est conçue pour favoriser la relaxation et réduire l'anxiété.

Technique:

- Asseyez-vous ou allongez-vous dans une position confortable.

- Inspirez doucement par le nez en comptant jusqu'à quatre.

- Retenez votre souffle en comptant jusqu'à sept.

- Expirez complètement par la bouche avec un sifflement en comptant jusqu'à huit.

- Répétez le cycle quatre fois, en augmentant progressivement jusqu'à huit cycles selon le confort.

Intégrer la respiration dans la vie quotidienne

L'intégration de la respiration dans les routines quotidiennes peut améliorer considérablement ses bienfaits et favoriser la récupération à long terme d'un traumatisme. Voici quelques moyens pratiques d'intégrer la respiration dans la vie quotidienne :

1. Routine du matin :

Commencer la journée avec quelques minutes de respiration intentionnelle peut donner un ton positif et réduire l'anxiété matinale. Intégrer la respiration à une routine matinale peut aider à réguler le système nerveux et à préparer l'esprit et le corps pour la journée à venir.

2. Pauses conscientes :

Prendre de courtes pauses conscientes tout au long de la journée pour pratiquer des exercices de respiration peut aider à gérer le stress et à éviter de se sentir dépassé. Ces pauses peuvent être aussi simples que quelques respirations profondes à votre bureau, pendant un trajet ou en marchant.

3. Détente en soirée :

Intégrer la respiration à une routine du soir peut favoriser la relaxation et améliorer la qualité du sommeil. Des techniques telles que la respiration diaphragmatique ou la respiration 4-7-8 peuvent aider à calmer l'esprit et à préparer le corps au repos.

4. Pendant les moments stressants :

Pratiquer la respiration pendant les moments de stress ou d'anxiété peut apporter un soulagement immédiat et prévenir toute escalade. Des techniques telles que la respiration en boîte ou la respiration alternée par les narines peuvent rapidement faire passer le système nerveux d'un état d'excitation à un état de calme.

5. Séances de respiration guidées :

Utiliser des enregistrements respiratoires guidés ou assister à des cours de respiration peut fournir une structure et un soutien pour développer une pratique régulière. De nombreuses applications et plateformes en ligne proposent des sessions guidées adaptées à différents besoins et niveaux d'expérience.

6. Intégration avec d'autres thérapies :

La respiration peut compléter d'autres approches thérapeutiques, telles que la pleine conscience, le yoga ou les thérapies somatiques. L'intégration de la respiration dans les séances de thérapie peut améliorer l'efficacité globale du traitement et soutenir la guérison holistique.

Chapitre 10

TOUCHER ET CORPS EN THÉRAPIE SOMATIQUE

Utilisation sûre et éthique du toucher

Le toucher est un besoin humain fondamental, jouant un rôle crucial dans le bien-être émotionnel, psychologique et physique. Cependant, pour les personnes souffrant d'un SSPT complexe, le toucher peut être une expérience sensible et potentiellement déclenchante. Par conséquent, l'utilisation sûre et éthique du toucher en thérapie somatique nécessite un examen attentif et le respect des meilleures pratiques.

1. Établir la sécurité et la confiance :

- Consentement éclairé : Avant d'intégrer le toucher à la thérapie, il est essentiel d'obtenir le consentement éclairé du client. Cela implique d'expliquer le but, les méthodes ainsi que les avantages et les risques potentiels de l'utilisation du toucher en thérapie.

- Autonomie du client : les clients doivent toujours avoir le contrôle sur si et comment le toucher est utilisé dans leurs sessions. Ils doivent se sentir habilités à fixer des limites et à communiquer leur niveau de confort sans crainte de jugement ou de pression.

- Établir la confiance : il est essentiel d'établir une alliance thérapeutique solide. La confiance se construit au fil du temps grâce à des interactions cohérentes, respectueuses et adaptées. Ce n'est que lorsqu'une solide base de confiance est en place que le contact peut être introduit.

2. Considérations éthiques :

- Limites professionnelles : les thérapeutes doivent maintenir des limites professionnelles claires pour garantir que la relation thérapeutique reste sûre et éthique. Le toucher doit toujours servir les objectifs thérapeutiques du client et ne jamais répondre aux besoins du thérapeute.

- Sensibilité culturelle : Comprendre et respecter les différences culturelles concernant le toucher est vital. Ce qui est considéré comme approprié et curatif dans une culture peut être inconfortable ou inapproprié dans une autre.

- Approche tenant compte des traumatismes : Une approche du toucher tenant compte des traumatismes reconnaît le potentiel de nouveau traumatisme et donne la priorité au sentiment de sécurité et de contrôle du client. Les techniques doivent être douces, non invasives et adaptées aux réponses du client.

3. Techniques pour un toucher sûr :

- Grounding Touch : un toucher doux, comme placer une main sur l'épaule ou le dos du client, peut l'aider à s'ancrer dans le moment présent et lui procurer un sentiment de sécurité et de connexion.

- Travail des limites : les thérapeutes peuvent utiliser le toucher pour aider les clients à explorer et à établir des limites physiques, favorisant ainsi un sentiment de contrôle et d'autonomisation.

- Toucher de soutien : un toucher de soutien, comme tenir la main d'un client pendant des moments pénibles, peut offrir confort et réconfort, améliorant ainsi le processus thérapeutique.

Massothérapie et traumatologie

La massothérapie est une technique de travail corporel qui implique la manipulation des tissus mous pour favoriser la relaxation, soulager la douleur et améliorer le bien-être général. Pour les personnes souffrant de SSPT complexe, la massothérapie peut être un complément efficace à la thérapie somatique, favorisant la libération des traumatismes accumulés et améliorant la santé physique et émotionnelle.

1. Avantages de la massothérapie pour les survivants d'un traumatisme :

- Relaxation physique : La massothérapie aide à réduire les tensions musculaires, à diminuer la douleur et à favoriser la relaxation physique globale. Cela peut être particulièrement bénéfique pour les survivants d'un traumatisme qui ressentent souvent un inconfort physique chronique.

- Libération émotionnelle : Le toucher peut faciliter la libération des tensions émotionnelles stockées dans le corps. La massothérapie offre aux clients un espace sûr pour accéder et traiter ces émotions.

- Régulation du système nerveux : Le massage active le système nerveux parasympathique, favorisant la relaxation et réduisant l'hyperexcitation associée au traumatisme. Cette régulation soutient le bien-être émotionnel et physique global.

2. Techniques et approches :

- Massage Suédois : Une technique douce et relaxante qui implique des mouvements longs et fluides. Le massage suédois favorise la relaxation globale et constitue souvent un bon point de départ pour les survivants d'un traumatisme qui découvrent la massothérapie.

- Libération myofasciale : Cette technique cible le fascia, le tissu conjonctif entourant les muscles. La libération myofasciale peut aider à libérer les tensions profondes et les traumatismes stockés dans les tissus conjonctifs du corps.

- Massage sensible aux traumatismes : les massothérapeutes sensibles aux traumatismes sont formés pour travailler avec des survivants d'un traumatisme, en utilisant des techniques qui privilégient la sécurité, le consentement et l'adaptation aux besoins du client. Cette approche comprend souvent un toucher plus lent et plus conscient et met l'accent sur la création d'un environnement sûr et favorable.

3. Intégration avec la thérapie somatique :

- Approche collaborative : Les massothérapeutes et les thérapeutes somatiques peuvent collaborer pour créer un plan de traitement complet qui répond aux besoins physiques et émotionnels du client. Une communication régulière entre les thérapeutes garantit une approche coordonnée et solidaire de la guérison.

- Traitement post-massage : L'intégration de la massothérapie aux séances de thérapie somatique permet aux clients de traiter toutes les émotions ou sensations qui surviennent pendant le massage. Cette intégration favorise une compréhension plus profonde et une libération du traumatisme.

Autres techniques de carrosserie

En plus de la massothérapie, plusieurs autres techniques de travail corporel peuvent être bénéfiques pour les personnes souffrant d'un SSPT complexe. Ces techniques se concentrent sur différents aspects du corps et de l'esprit, offrant diverses voies de guérison et d'intégration.

1. Thérapie cranio-sacrale :

La thérapie cranio-sacrale est une technique douce et non invasive qui se concentre sur le système cranio-sacré, qui comprend les os du crâne, de la colonne vertébrale et du sacrum, ainsi que les membranes environnantes et le liquide céphalo-rachidien. En appliquant un toucher léger, les thérapeutes peuvent aider à libérer les restrictions et à améliorer la circulation du liquide céphalo-rachidien, favorisant ainsi la santé et le bien-être en général.

-Avantages pour les survivants d'un traumatisme :

- Relaxation profonde : La thérapie cranio-sacrale favorise une relaxation profonde, aidant à calmer le système nerveux et à réduire les symptômes d'hyperexcitation.

- Libération émotionnelle : Le toucher doux de la thérapie cranio-sacrale peut faciliter la libération des tensions émotionnelles stockées dans le corps, favorisant ainsi le traitement et l'intégration des émotions.

- Conscience somatique : Cette technique améliore la conscience corporelle, aidant les clients à se connecter à des sensations physiques subtiles et à développer une meilleure compréhension de leurs expériences corporelles.

2. Rolf :

Le rolfing, également connu sous le nom d'intégration structurelle, est une technique de travail corporel qui vise à réaligner la structure du corps en manipulant les fascias. Le rolfing vise à améliorer la posture, à réduire la douleur et à améliorer les schémas de mouvement globaux.

Avantages pour les survivants d'un traumatisme :

- Alignement postural : Un traumatisme peut provoquer des déséquilibres et des désalignements dans la structure du corps. Le rolfing aide à rétablir un bon alignement, réduisant l'inconfort physique et favorisant un sentiment d'équilibre.

- Libération des tensions profondes : le Rolfing travaille avec les couches profondes des fascias du corps, aidant à libérer les tensions chroniques et les traumatismes stockés dans les tissus conjonctifs.

- Conscience corporelle améliorée : le Rolfing améliore la conscience corporelle et la proprioception, aidant les clients à devenir plus à l'écoute de leurs sensations et mouvements physiques.

3. Acupuncture :

L'acupuncture est une technique de médecine traditionnelle chinoise qui consiste à insérer de fines aiguilles dans des points spécifiques du corps pour favoriser la circulation de l'énergie (Qi) et rétablir l'équilibre. L'acupuncture peut être particulièrement efficace pour traiter les symptômes physiques et émotionnels d'un traumatisme.

Avantages pour les survivants d'un traumatisme :

- Régulation du système nerveux : L'acupuncture peut aider à réguler le système nerveux autonome, réduisant ainsi les symptômes d'hyperexcitation et favorisant la relaxation.

- Soulagement de la douleur : L'acupuncture est efficace pour soulager la douleur chronique, un problème courant chez les survivants d'un traumatisme.

- Équilibre émotionnel : En rétablissant le flux d'énergie, l'acupuncture peut aider à équilibrer les émotions et à réduire les symptômes d'anxiété, de dépression et de stress.

4. Expérience somatique :

L'expérience somatique (SE), développée par le Dr Peter A. Levine, est une approche de guérison des traumatismes axée sur le corps qui se concentre sur la libération de la tension physique et de l'énergie emprisonnée dans le corps lors d'événements traumatisants. SE utilise la conscience du corps et le mouvement pour aider les individus à traiter et à intégrer les expériences traumatisantes.

Avantages pour les survivants d'un traumatisme :

- Libération de l'énergie traumatique : SE aide à libérer l'énergie et la tension associées au traumatisme, favorisant ainsi la guérison physique et émotionnelle globale.

- Conscience du corps : SE améliore la conscience du corps et la pleine conscience, aidant les clients à se connecter à leurs sensations physiques et à développer une meilleure compréhension de leurs expériences corporelles.

- Autonomisation et résilience : en travaillant avec les processus naturels de guérison du corps, SE permet aux clients de jouer un rôle actif dans leur rétablissement et de renforcer leur résilience.

Chapitre 11

INTÉGRER LA THÉRAPIE SOMATIQUE À D'AUTRES APPROCHES

Combiner la thérapie somatique avec la TCC et l'EMDR

L'intégration de la thérapie somatique avec la thérapie cognitivo-comportementale (TCC) et la désensibilisation et le retraitement des mouvements oculaires (EMDR) peut créer un plan de traitement complet et efficace pour les personnes souffrant de SSPT complexe. Ces approches abordent différentes dimensions du traumatisme, améliorant ainsi le résultat thérapeutique global.

1. Thérapie cognitivo-comportementale (TCC) :

La TCC se concentre sur l'identification et la modification des schémas de pensée et des comportements négatifs. Il est particulièrement efficace pour lutter contre les distorsions cognitives et les comportements inadaptés associés au SSPT.

Intégration avec la thérapie somatique :

- Connexion corps-esprit : la combinaison de la TCC et de la thérapie somatique aide les clients à comprendre comment leurs pensées et leurs émotions se manifestent dans leur corps. Par exemple, reconnaître qu'un schéma de pensée déclenche des tensions physiques peut améliorer la conscience de soi et l'autorégulation.

- Techniques d'ancrage : les techniques somatiques peuvent être utilisées parallèlement aux interventions de TCC pour ancrer les clients pendant les séances. Des pratiques telles que la respiration profonde, la relaxation musculaire progressive et les exercices de mise à la terre aident à réguler le système nerveux, rendant ainsi le travail cognitif plus efficace.

- Stratégies d'adaptation basées sur le corps : l'intégration de stratégies somatiques dans la TCC fournit aux clients des outils basés sur le corps pour faire face aux pensées et aux émotions pénibles. Cette approche holistique aborde à la fois les aspects cognitifs et physiques du traumatisme.

2. Désensibilisation et retraitement par les mouvements oculaires (EMDR) :

L'EMDR est une thérapie structurée qui aide les individus à traiter et à intégrer les souvenirs traumatiques à l'aide de stimulations bilatérales (par exemple, mouvements oculaires, tapotements ou sons). Il est très efficace pour réduire l'intensité des souvenirs traumatiques et des symptômes associés.

Intégration avec la thérapie somatique :

- Améliorer la sécurité et la régulation : les techniques somatiques peuvent être utilisées pour établir un sentiment de sécurité et de régulation avant et pendant les séances EMDR. Cela peut inclure des exercices de mise à la terre, des respirations et des scans corporels pour garantir que les clients restent présents et centrés.

- Traitement des souvenirs corporels : Les traumatismes laissent souvent des souvenirs implicites stockés dans le corps. L'intégration de la thérapie somatique à l'EMDR permet le traitement de ces souvenirs corporels parallèlement aux souvenirs cognitifs et émotionnels, conduisant à une guérison plus complète.

- Intégration post-EMDR : Après les séances EMDR, la thérapie somatique peut aider les clients à traiter les sensations physiques ou émotions résiduelles. Des techniques telles que des exercices de mouvements doux, de toucher et de conscience corporelle soutiennent l'intégration du matériel traumatique.

Le rôle des médicaments et de la thérapie somatique

Les médicaments peuvent jouer un rôle crucial dans la gestion des symptômes du SSPT complexe, en particulier lorsqu'ils sont associés à une thérapie somatique. Alors que les médicaments s'attaquent aux aspects biochimiques du traumatisme, la thérapie somatique cible les réponses physiques et émotionnelles, créant ainsi un effet synergique.

1. Médicaments dans le traitement des traumatismes :

- Gestion des symptômes : les médicaments, tels que les inhibiteurs sélectifs du recaptage de la sérotonine (ISRS), les benzodiazépines et les antipsychotiques, peuvent aider à gérer les symptômes d'anxiété, de dépression et d'hyperexcitation. Ils constituent une base stable pour le travail thérapeutique en réduisant l'intensité des symptômes.

- Équilibre neurochimique : Un traumatisme peut perturber l'équilibre des neurotransmetteurs dans le cerveau. Les médicaments aident à rétablir cet équilibre, améliorant ainsi l'humeur, le sommeil et le fonctionnement général.

2. Intégrer les médicaments à la thérapie somatique :

- Autorégulation améliorée : les médicaments peuvent aider les clients à atteindre un état plus réglementé, facilitant ainsi l'engagement dans des pratiques somatiques. Lorsque les symptômes sont moins accablants, les clients peuvent se concentrer plus efficacement sur les interventions corporelles.

- Soutenir les sensations physiques : la thérapie somatique peut aider les clients à devenir plus conscients des sensations physiques associées aux effets des médicaments, telles que la relaxation ou la réduction de l'anxiété. Cette prise de conscience peut améliorer le processus thérapeutique en reliant les sensations physiques aux états émotionnels.

- Approche holistique : La combinaison de médicaments avec une thérapie somatique offre une approche holistique du traitement des traumatismes. Alors que les médicaments abordent les aspects neurochimiques, la thérapie somatique cible l'expérience incarnée du traumatisme, conduisant à une guérison globale.

Créer un plan de traitement holistique

Un plan de traitement holistique pour le SSPT complexe intègre la thérapie somatique à d'autres approches thérapeutiques, médicaments et interventions liées au mode de vie. Cette approche globale aborde la nature multiforme du traumatisme, favorisant le bien-être général et la résilience.

1. Évaluation et individualisation :

- Évaluation complète : Une évaluation approfondie de l'histoire, des symptômes, des forces et des besoins du client est essentielle pour créer un plan de traitement individualisé. Cela comprend l'évaluation des aspects physiques, émotionnels, cognitifs et relationnels de l'expérience du client.

- Établissement d'objectifs collaboratifs : impliquer le client dans l'établissement d'objectifs thérapeutiques garantit que le plan de traitement s'aligne sur ses valeurs et ses priorités. L'établissement d'objectifs collaboratifs améliore la motivation et l'engagement dans le processus thérapeutique.

2. Collaboration multidisciplinaire :

- Équipe de soins intégrés : la collaboration entre différents prestataires de soins de santé, tels que des thérapeutes somatiques, des psychothérapeutes, des psychiatres et des médecins de premier recours, garantit des soins complets. Une communication et une coordination régulières entre les membres de l'équipe soutiennent une approche thérapeutique cohérente.

- Approche centrée sur le client : Une approche centrée sur le client donne la priorité aux préférences, aux besoins et au rythme du client. Il reconnaît l'autonomie du client et lui permet de jouer un rôle actif dans son parcours de guérison.

3. Intégration d'interventions liées au mode de vie :

- Activité physique : Une activité physique régulière, comme le yoga, la marche ou la natation, favorise la santé et le bien-être en général. L'exercice aide à réguler le système nerveux, à réduire le stress et à améliorer l'humeur.

- Nutrition et sommeil : Une alimentation équilibrée et un sommeil adéquat sont essentiels à la santé physique et émotionnelle. Des conseils nutritionnels et des pratiques d'hygiène du sommeil peuvent faciliter la récupération après un traumatisme.

- Pratiques de pleine conscience et de relaxation :
La méditation de pleine conscience, les exercices de relaxation et d'autres techniques de réduction du stress aident à réguler le système nerveux et à améliorer la résilience émotionnelle.

4. Évaluation et ajustement continus :

- Surveillance continue : surveiller régulièrement les progrès du client et ajuster le plan de traitement si nécessaire garantit qu'il reste efficace et adapté aux besoins changeants du client.

- Rétroaction et réflexion : encourager les commentaires et la réflexion des clients sur leur expérience thérapeutique favorise la conscience de soi et l'auto-efficacité. Cela permet également d'ajuster en temps opportun le plan de traitement.

Chapitre 12

PRENDRE SOIN DE SOI ET POURSUIVRE LE VOYAGE DE GUÉRISON

Stratégies d'autosoins pour les survivants d'un traumatisme

Les soins personnels sont un élément essentiel du parcours de guérison des survivants d'un traumatisme. Cela implique de s'engager intentionnellement dans des activités et des pratiques qui favorisent le bien-être physique, émotionnel et mental. Pour les personnes souffrant d'un SSPT complexe, les soins personnels sont essentiels pour gérer les symptômes, améliorer la résilience et favoriser le rétablissement à long terme.

1. Établir une routine :

- Structure quotidienne : l'établissement d'une routine quotidienne procure un sentiment de prévisibilité et de stabilité, ce qui peut être réconfortant pour les survivants d'un traumatisme. Des horaires de sommeil et de repas cohérents, des exercices réguliers et des périodes de relaxation programmées contribuent à créer un rythme quotidien équilibré.

- Rituels du matin et du soir : des rituels simples, tels que des étirements matinaux en pleine conscience ou une réflexion du soir, peuvent ancrer la journée. Ces pratiques donnent un ton positif le matin et facilitent la relaxation et la clôture le soir.

2. Soins personnels physiques :

- Nutrition : Une alimentation équilibrée favorise la santé et le bien-être en général. Les survivants d'un traumatisme doivent se concentrer sur les aliments riches en nutriments, rester hydratés et éviter les excès de caféine et de sucre, qui peuvent exacerber l'anxiété et les sautes d'humeur.

- Exercice : Une activité physique régulière aide à réguler le système nerveux, à réduire le stress et à améliorer l'humeur. Des activités comme la marche, le yoga, la danse ou la natation peuvent être à la fois agréables et thérapeutiques.

- Hygiène du sommeil : Donner la priorité au sommeil est essentiel à la guérison. Établir un horaire de sommeil cohérent, créer un environnement de sommeil réparateur et pratiquer des techniques de relaxation avant de se coucher peut améliorer la qualité du sommeil.

3. Soins personnels émotionnels :

- Pleine conscience et méditation : les pratiques de pleine conscience, telles que la méditation, la respiration profonde et les scans corporels, aident les survivants d'un traumatisme à rester ancrés dans le moment présent et à développer une conscience sans jugement de leurs pensées et de leurs sentiments.

- Tenir un journal : écrire sur les pensées et les émotions peut être un outil puissant pour traiter un traumatisme et mieux comprendre ses expériences. La tenue d'un journal offre un espace sûr pour l'expression de soi et la réflexion.

- Possibilités créatives : s'engager dans des activités créatives comme l'art, la musique ou l'écriture peut aider les survivants d'un traumatisme à exprimer et à traiter leurs émotions de manière intuitive et non verbale.

4. Soins personnels mentaux :

- Fixer des limites : Établir des limites saines est essentiel pour protéger le bien-être mental et émotionnel. Cela implique d'apprendre à dire non, de donner la priorité aux soins personnels et d'éviter les situations ou les personnes qui déclenchent ou drainent de l'énergie.

- Pratiques thérapeutiques : Continuer à s'engager dans une thérapie, qu'elle soit individuelle, de groupe ou somatique, favorise la guérison continue. Des séances de thérapie régulières offrent un espace pour traiter les expériences et développer des stratégies d'adaptation.

- Affirmations positives : pratiquer un discours intérieur et des affirmations positives peut aider à recadrer les schémas de pensée négatifs et à favoriser une relation plus compatissante avec soi-même.

Construire un système de soutien

Un système de soutien solide est vital pour les survivants d'un traumatisme, car il leur apporte une assistance émotionnelle, sociale et pratique. Construire et entretenir un réseau de relations de soutien améliore la résilience et offre un sentiment de connexion et d'appartenance.

1. Identifier les personnes qui vous soutiennent :

- Amis et famille de confiance : il est essentiel d'identifier des amis et des membres de la famille qui sont compréhensifs, empathiques et dignes de confiance. Ces personnes peuvent offrir un soutien émotionnel, de la compagnie et une aide pratique.

- Groupes de soutien : Rejoindre un groupe de soutien pour les survivants d'un traumatisme procure un sentiment de communauté et une expérience partagée.

Les membres du groupe peuvent s'offrir un soutien mutuel, une compréhension et des encouragements.

- Soutien professionnel : la constitution d'une équipe de professionnels, comprenant des thérapeutes, des médecins et des conseillers, garantit des soins complets. Une communication régulière avec ces professionnels favorise la guérison continue.

2. Communiquer les besoins :

- Communication ouverte : une communication claire et honnête sur les besoins et les limites est essentielle pour maintenir des relations saines. Exprimer ses sentiments et demander du soutien contribue à renforcer la confiance et la compréhension.

- Fixer des limites : établir et maintenir des limites avec les autres protège le bien-être émotionnel et mental. Cela inclut la fixation de limites de temps, d'énergie et d'espace personnel.

3. Participer à des activités sociales :

- Engagement social Participer à des activités sociales et entretenir des liens avec les autres favorise un sentiment d'appartenance et réduit le sentiment d'isolement. Cela peut inclure l'adhésion à des clubs, le bénévolat ou la participation à des événements communautaires.

- Équilibrer la solitude et la socialisation : Bien que le soutien social soit important, il est également essentiel d'équilibrer les activités sociales avec des périodes de solitude pour l'introspection et la recharge.

Guérison et entretien à long terme

La guérison et le maintien à long terme impliquent un engagement continu à prendre soin de soi, un apprentissage continu et l'adaptation de stratégies pour soutenir un rétablissement durable. Pour les personnes atteintes d'un SSPT complexe, ce parcours est dynamique et évolutif, nécessitant flexibilité et résilience.

1. Réflexion personnelle continue :

- Enregistrements réguliers : réfléchir périodiquement aux progrès, aux défis et aux objectifs aide à rester conscient du parcours de guérison. Des auto-évaluations régulières peuvent identifier les domaines nécessitant une attention particulière et célébrer les réussites.

- Adaptation et flexibilité : Être ouvert à l'évolution des pratiques de soins personnels et des stratégies d'adaptation selon les besoins soutient une croissance continue. Les survivants d'un traumatisme doivent rester adaptables et réactifs à l'évolution de leurs besoins.

2. Apprentissage tout au long de la vie :

- Éducation et sensibilisation : Continuer à se renseigner sur les traumatismes, la guérison et les soins personnels améliore la compréhension et permet aux individus de faire des choix éclairés. Cela peut inclure la lecture de livres, la participation à des ateliers ou la participation à des cours en ligne.

- Développement des compétences : développer de nouvelles compétences et de nouveaux passe-temps favorise un sentiment d'accomplissement et d'efficacité personnelle. S'engager dans des activités qui mettent au défi et stimulent l'esprit favorise le bien-être général.

3. Intégration des pratiques de guérison :

- Pratiques corps-esprit : Continuer à s'engager dans des pratiques corps-esprit comme le yoga, le tai-chi ou la méditation favorise la guérison à long terme. Ces pratiques favorisent l'équilibre, la relaxation et la conscience du corps.

- Modalités thérapeutiques : L'exploration et l'intégration de diverses modalités thérapeutiques, telles que la thérapie somatique, l'EMDR et les thérapies basées sur la pleine conscience, garantissent une approche globale de la guérison.

4. Maintenir un mode de vie équilibré :

- Choix de modes de vie sains : donner la priorité à un mode de vie équilibré qui comprend de l'exercice régulier, une alimentation nutritive et un sommeil adéquat favorise la santé globale. Des choix de vie sains contribuent à la résilience émotionnelle et physique.

- Gestion du stress : Développer des techniques efficaces de gestion du stress, telles que la respiration profonde, la relaxation musculaire progressive et la gestion du temps, réduit l'impact du stress sur la vie quotidienne.

Conclusion

"Thérapie somatique pour le SSPT complexe" a fourni une exploration en profondeur de la puissante intersection entre le traumatisme et le corps. En approfondissant les concepts fondamentaux de la thérapie somatique, en comprenant la nature complexe du SSPT complexe et en découvrant diverses techniques et approches thérapeutiques, nous avons cherché à offrir un cadre holistique de guérison.

Le parcours à travers cet ebook met en évidence l'importance d'intégrer les connaissances et la pratique. Comprendre la science derrière le traumatisme et la réponse du corps constitue une base cruciale pour une thérapie efficace. Les chapitres ont souligné l'importance du développement de la conscience somatique, de la pratique de la pleine conscience et de l'utilisation de techniques spécifiques telles que l'expérience somatique et la psychothérapie sensorimotrice. Ces outils permettent aux survivants d'un traumatisme de renouer avec leur corps, de traiter le traumatisme au niveau physiologique et de favoriser la résilience.

L'un des principes centraux de la thérapie somatique est la reconnaissance du corps comme porte d'entrée vers la guérison. Le traumatisme n'est pas uniquement un phénomène psychologique ; il est profondément ancré dans le corps. En abordant les manifestations physiques du traumatisme, la thérapie somatique ouvre la voie à un rétablissement holistique. Des techniques telles que les thérapies basées sur le mouvement, la respiration et le travail corporel permettent aux individus de se libérer des traumatismes stockés, de réguler leur système nerveux et de cultiver un sentiment de sécurité et d'incarnation.

Un thème récurrent dans le livre est l'importance de la relation thérapeutique. La guérison d'un SSPT complexe nécessite un environnement sûr, favorable et empathique. Faire confiance au thérapeute et au processus thérapeutique est primordial. Les thérapeutes jouent un rôle crucial en guidant les survivants d'un traumatisme tout au long de leur parcours de guérison, en leur offrant compassion, validation et expertise. La nature collaborative de la thérapie somatique favorise l'autonomisation et l'action, permettant aux clients de jouer un rôle actif dans leur rétablissement.

La guérison du SSPT complexe s'étend au-delà de la salle de thérapie. Les stratégies de soins personnels, la création d'un système de soutien solide et la participation aux ressources communautaires sont des éléments essentiels du rétablissement à long terme. Les survivants d'un traumatisme sont encouragés à cultiver des pratiques qui favorisent l'auto-compassion, la résilience et le bien-être. Se connecter avec d'autres personnes partageant des expériences similaires fournit une validation et réduit l'isolement, renforçant ainsi la compréhension que la guérison est un voyage partagé.

Alors que nous concluons cet ebook, il est important de reconnaître que la guérison d'un SSPT complexe est un processus non linéaire et continu. Les progrès peuvent s'accompagner de revers, et le parcours de chaque individu est unique. Les idées, techniques et histoires partagées dans ce livre visent à fournir un guide complet pour parcourir ce chemin avec plus de conscience et de confiance.

En adoptant les principes de la thérapie somatique, les survivants d'un traumatisme peuvent retrouver leur identité, rétablir leur connexion avec leur corps et construire un avenir marqué par la résilience et l'autonomisation. Le parcours de guérison est profondément personnel, et chaque pas franchi vers le rétablissement témoigne de la force et du courage de ceux qui l'entreprennent.

"Thérapie somatique pour le SSPT complexe" est plus qu'un guide ; c'est une invitation à explorer le profond potentiel de guérison qui réside dans le corps. Alors que vous poursuivez votre chemin de guérison, n'oubliez pas que vous n'êtes pas seul. Les outils, techniques et idées fournis dans ce livre sont conçus pour vous aider à vous réapproprier votre vie, à trouver la paix et à avancer avec un espoir et une vitalité renouvelés.

Puisse cet ebook servir de ressource précieuse, de source d'inspiration et de compagnon dans votre voyage continu vers la guérison et la plénitude.

www.ingramcontent.com/pod-product-compliance
Lightning Source LLC
Chambersburg PA
CBHW070741250726
48662CB00004B/1610